산신령이 따뜻한 햇살이 내리쬐는 연못 속에서 꾸벅꾸벅 졸고 있어요.
오늘은 아무도 물건을 빠뜨리지 않는지 물결도 잔잔해요.

그럴 리가 없지요. 연못 아래로 무언가가 톡 떨어져 내려왔어요.
산신령이 몸을 바르르 떨며 잠에서 깨어났어요.

물속으로 떨어진 건
손때가 잔뜩 묻은 오래된 책이었어요.

산신령은 서둘러 금과 은으로
책을 만들어 연못 위로 올라갔어요.
그러고는 크게 큼큼거렸어요.
물속에 있으면 목소리도 잠기거든요.
연못 밖으로 나올 때마다 큼큼거려서
모두가 큼큼 산신령님이라고 부르지요.

큼큼. 이것이 네 책이냐?

그런데 물 위에는 아무도 없었어요.

이게
어찌 된 일인고?

산신령이 고개를 두리번거리며
한참을 기다렸지만 끝내 나타나지 않았어요.

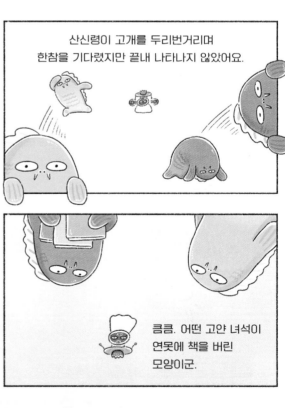

큼큼. 어떤 고얀 녀석이
연못에 책을 버린
모양이군.

산신령은 분실물 보관 상자에
책을 넣다가 주춤했어요.

말이 씨가 되는 속담책?
재미나 보이는데
한번 읽어 볼까?

산신령은 책을 펼쳐 한 장, 한 장 넘길 때마다
웃고 울고 고개를 끄덕이며 빠져들었어요.
마지막 장을 넘길 때는 아쉬워서 입을 쩝쩝거렸어요.

정말 귀한
씨앗 같은 말이 담긴 책이로군.
모두에게 이 말을 들려주면
좋을 텐데…. 옳거니!

곽미영 글
어린이책을 만들고 글을 씁니다. 지은 책으로 〈받침구조대〉〈띄어쓰기 경주〉〈노래 꼬리 잡으면 이야기가 시작돼!〉〈별난 코 별코두더지〉
〈짜장 줄넘기〉〈풋사랑〉〈버들치랑 달리기했지〉〈줄장지뱀이랑 숨바꼭질했지〉〈붉은배새매랑 나무 탔지〉 등이 있습니다.
〈받침구조대〉로 제64회 한국출판문화상을 받았습니다.

벼레 그림
돼지의 공든 탑처럼 즐거움이 차곡차곡 쌓였으면 하는 마음으로 그렸습니다.
그린 책으로는 〈우리 과자 왕중왕전〉〈문을 쾅 닫으면〉이 있고, 쓰고 그린 책으로는 〈쌀알 돌알〉이 있습니다.

만만한국어❾ 큼큼 산신령의 속담 상담소
초판 1쇄 발행 2025년 2월 20일
글 곽미영 | 그림 벼레 | 책임편집 전소현 | 편집 김연희 | 디자인 달·리크리에이티브 | 펴낸이 전소현 | 펴낸곳 만만한책방 | 출판등록 2015년 1월 8일 제 2015-000008호.
주소 서울시 마포구 토정로 222 한국출판콘텐츠센터 305호 | 전화 070-5035-1137 | 팩스 0505-300-1137 | 전자우편 manmanbooks@hanmail.net | 인스타그램 instagram.com/manmani0401
ISBN 979-11-89499-72-3 74710 | 979-11-89499-51-8(세트) ⓒ 곽미영, 벼레 2025

제품명 아동 도서 | 제조년월 2025년 2월 20일 | 사용연령 7세 이상 | 제조사명 만만한책방 | 제조국명 대한민국
전화번호 070-5035-1137 | 주소 서울시 마포구 토정로 222 한국출판콘텐츠센터 305호
주의사항 종이에 베이거나 긁히지 않도록 조심하세요. 책 모서리가 날카로우니 던지거나 밀어뜨리지 마세요.
KC마크는 이 제품이 공통안전기준에 적합하였음을 의미합니다.

큼큼 산신령의 속담 상담소

곽미영 글 | 벼레 그림

만만한책방

큼큼 산신령님,

팥떡을 나눠 먹으려고 하는데요.

친구한테 줄 떡이 자꾸만 더 커 보여요!

어떡하죠?

큼큼. 큰 떡이 딱 보이는데
신기한 눈이로구나.

멀리서 보면 더 잘 보이는 법.
자, 어느 것이 더 커 보이느냐?

오른쪽
떡이요!

아니, 왼손 떡이
더 커 보여요.

옳거니!
이제 됐느냐?

산신령님,
빨리 떡 먹고 싶은데
언제 끝나요?

뭣이라고?

큼 큼

큼큼

역시 그 책에
답이 있었군!

이거요!

그래,
그게 작은 떡이다.
미운 친구한테
큰 떡을 줄 생각은
없을 테니.

맞아요!
어제 멧돼지랑
싸웠거든요.

아하 꿀꺽!

그럼 큰 떡은
오른손 떡이겠지?

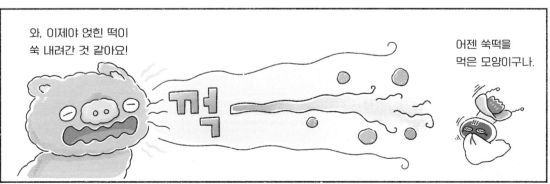

와, 이제야 얹힌 떡이
쑥 내려간 것 같아요!

꺽

어젠 쑥떡을
먹은 모양이구나.

남의 손의 떡이 더 커 보일 때는 미운 아이 떡 하나 더 준다고 생각하거라.

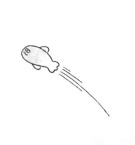

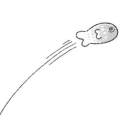

네네!
신령님, 다음엔
큰 떡 가져올게요.

멧돼지야,
이거 먹어.

왜 나한테 떡을 줘?
더구나 큰 떡을?

산신령님이 미운 아이
떡 하나 더 주라고 하셨거든….

그게 화해하고 싶은
마음이라나 뭐라나….

크큼!
방아깨비야,

숨넘어갈 만큼
급한 일이
생겼느냐?

큼큼 산신령님,

번갯불에 콩 볶아 먹으려고 하는데요.

언제 번개가 칠까요?

산신령님,
빨리요.
빨리요.

큼큼.
성미가 참 급하구나.
내 질문에 대답을
잘하면 번개 칠 날을
알려 주마.

말이 새끼를
낳았다는구나.
망아지가 걷기도 전에
뛸 수 있겠느냐?

말도 안 돼요!

하마가 목마르다고
우물을 들고
물을 마실 수 있겠느냐?

하하,
우물을 파는 게
빠르겠네요!

고슴도치가 급하다고
바늘허리에
실을 매었다는데
바느질이 되겠느냐?

킥킥.
엉터리네요!

방아깨비야!
급할수록 돌아가거라!

정성으로 키운 콩은
햇빛에 바람에
천천히 말려,

고운 불에 볶아야 하거늘,

번갯불에 볶으면
까맣게 타지 않겠느냐?

콩이 탄다고요?
안 돼요, 안 돼요!

큼큼. 어쨌거나 약속했으니
번개 칠 날을 알려 주마.

내일

모레

글피

안 들을래요!

제가 콩을
얼마나 정성껏
키웠는데요.

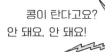

그래, 빨리 먹은 콩밥이
똥 눌 때 두고 보자 벼른단다.
먹을 때도 천천히
꼭꼭 씹어 먹어야 한다. 큼큼.

번갯불에 콩 볶아
먹고 싶을 만큼 급할 땐
오히려 길을 돌아가거라.

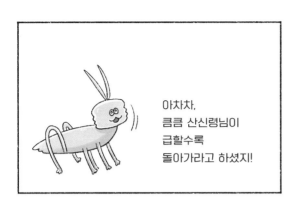

아차차,
큼큼 산신령님이
급할수록
돌아가라고 하셨지!

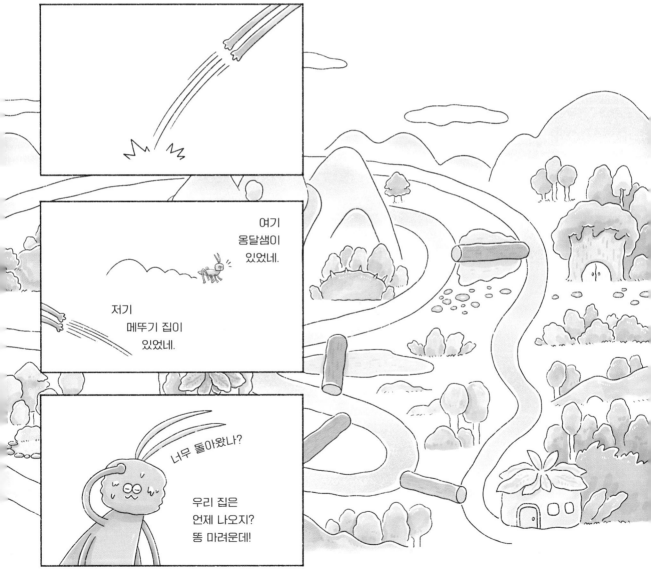

여기
옹달샘이
있었네.

저기
메뚜기 집이
있었네.

너무 돌아왔나?

우리 집은
언제 나오지?
똥 마려운데!

큼큼! 개미야,
왜 이리 힘을 쓰고 있느냐?

풍당!

24

큼큼 산신령님,
큰 바윗돌을 굴리려고 하는데
꿈쩍을 안 해요.
어떡하죠?

으라차차!

그리 큰 바윗돌은
왜 굴리려고 하느냐?

힘센 영웅이
되고 싶어서요.

힘센 영웅은
왜 되려고 하느냐?

으르렁

애고, 무서워라!

호랑이랑 곰은 힘이 세니까

모두가 꼼짝 못 하잖아요.

큼큼.
작고 약하다고
놀림을 받은 것이냐?

크고 힘센 동물들은
개미를 발바닥의
흙으로 생각해요.

저도 제 힘을
보여 줄래요!

근데 맨날맨날
바윗돌을 굴려도 꿈쩍을 안 해요.
산신령님, 저 어떡해요?

개미야! 백지장부터 맞들거라!

산신령님도 참,
백지장처럼 얇은 종이를 맞들면
아무도 제가 힘이 센지 모르잖아요.
혼자 큰 바윗돌을 굴려야
모두가 저를 우러러보죠!

으라 차차

힘은 서로 합칠 때
가장 돋보인단다.
너희 개미들은
더더욱 그렇지.

왜 그리
보느냐?

고민을
들어주신다더니
제 맘도 몰라주시고….

산신령님,
너무해요!

그, 그렇다고
그냥 가 버리는 거냐?

쓩!

재들도, 참! 저게 뭐가 무겁다고.

끽!

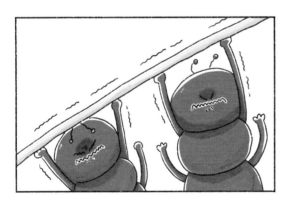

번쩍

이야야야 ~~~~~~ 얍!!!

산신령님!
산신령님!

큼큼, 아까는 삐져서 쌩 가 버리더니
왜 돌아왔느냐?

산신령님 말씀이 맞았어요.
백지장을 맞들었더니 영웅이 되었어요!

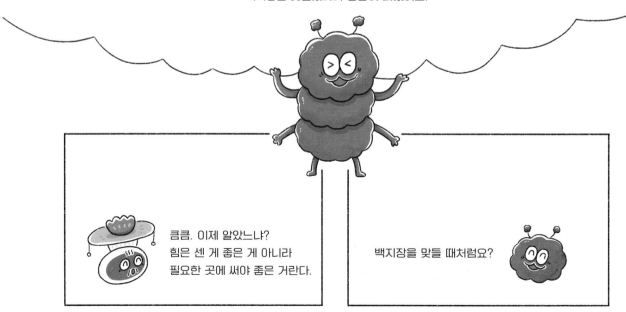

큼큼. 이제 알았느냐?
힘은 센 게 좋은 게 아니라
필요한 곳에 써야 좋은 거란다.

백지장을 맞들 때처럼요?

큰 바윗돌을 혼자 굴리려 욕심내지 말고 백지장부터 맞들거라.

산신령의 속담 상담소

큼큼

그럼 나는
낮잠을 자러
이만!

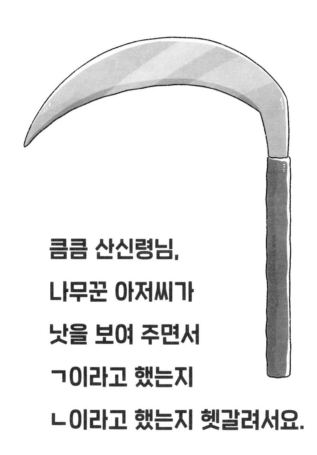

큼큼 산신령님,
나무꾼 아저씨가
낫을 보여 주면서
ㄱ이라고 했는지
ㄴ이라고 했는지 헷갈려서요.

큼큼. 그러고 보니
요새 나무꾼이
도끼를
안 빠뜨리는구나.

빨리 물어봐야 하는데….
나무꾼 아저씨가
안 보여요.

큼큼, 잠시만 기다리거라.
나무꾼을 찾아 줄 수는 없지만
낫은 연못에 많으니.

자, 이걸 보아라.

ㄱ을 닮았느냐,
ㄴ을 닮았느냐?

ㄴ요!

뭣이라?
낫 놓고 ㄱ자도 모르는구나.
큼큼. 이를 어쩐다.

ㄱ도 맞는 거 같고…

ㄴ도 맞는 거 같고…

산신령님, 전 멍청한가 봐요.
저도 글자를 배울 수 있을까요?

강아지야!
서당 개 삼 년에 풍월을 읊는다 했다!

서당 개 모집
만만한서당

서당에 다녀오겠습니다!

일 년　인사 교실

ㄱ은 ㄱ모양 이구나!

요가 교실

거꾸로 보면 ㄴ이고!

ㄱ이 고개 숙여 인사합니다. ㄱ을 거꾸로 보면 ㄴ입니다.

이 년　입냄새 자신감 교실

요렇게? 헥헥.

ㄷ이 혀 내밀면 ㅌ입니다.

삼 년

축 졸 업

ㅇ이 모자 쓰면 ㅎ입니다.

낮 놓고
기역 자도 모르면
서당에서
삼 년 동안 공부하거라.

띠리롱!
띠리롱!
여기는
받침구조대입니다.

안녕하세요?
저는 만만한서당에서
삼 년 동안 공부해서
글자를 진짜 잘 아는 강아지인데요.
혹시 구조대원 필요하지 않으세요?

누가 먼저 건너야 하는지 알려 주세요.

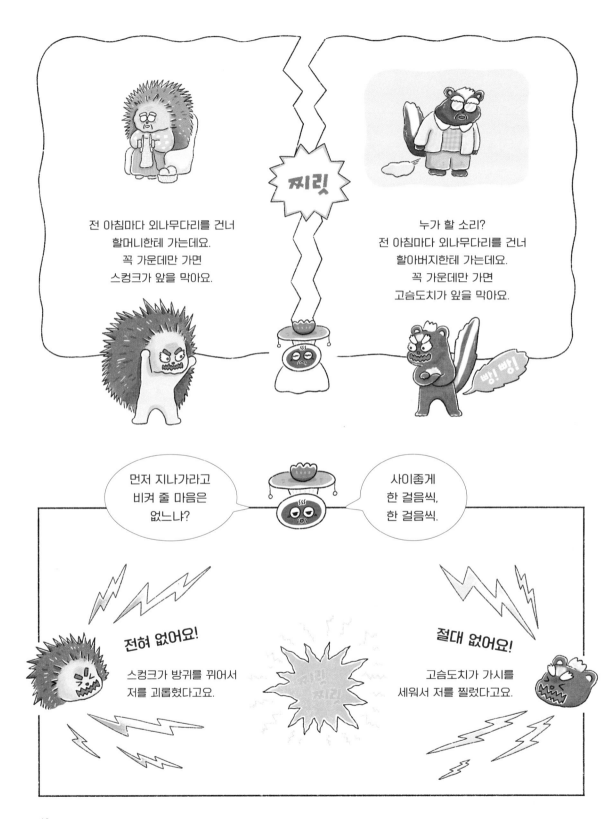

고슴도치야! 스컹크야!
지는 게 이기는 내기를 하거라!

가위바위보를 해서
고슴도치가 이기면 스컹크가 먼저 건너고,
스컹크가 이기면 고슴도치가 먼저 건너는 거다.

큼큼. 이제 좀 조용하니 살 것 같구나.

원수를
외나무다리에서 만나면
지는 게 이기는
내기를 하거라.

이기는 게 지는 거랑
지는 게 이기는 거랑
같은 거야?

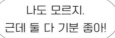

나도 모르지.
근데 둘 다 기분 좋아!

나무늘보는
누워서 떡 먹기를 잘하고요.
개구리는
땅 짚고 헤엄치기를 잘하고요.
굼벵이는
구르기를 잘해요.

흑흑 흑흑

큼큼 산신령님,
왜 저만 잘하는 게
아무것도 없을까요?

나무늘보도, 개구리도, 굼벵이도
저절로 잘하는 게 아닐 거다.
너는 무엇을 잘하고 싶으냐?

잘 모르겠어요….
전 쇳덩이일 뿐인걸요….

가만히
눈을 감고

앗!
산신령님,
제 안에
무엇이 있는지
찾았어요!

이렇게
빨리?

대장장이님,
부디 제 모습을
찾을 수 있도록
도와주세요.

비 장

화르르

깡깡깡

쓱쓱쓱ー

푸시시

완 성

이리 와서
거울을
보거라.

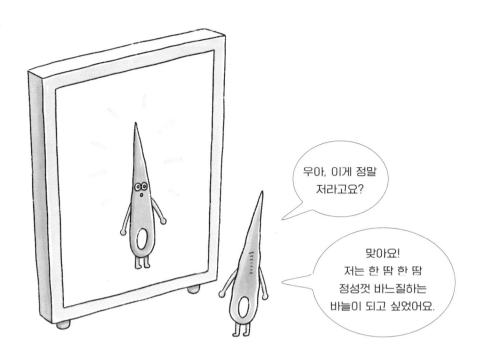

우아, 이게 정말 저라고요?

맞아요! 저는 한 땀 한 땀 정성껏 바느질하는 바늘이 되고 싶었어요.

큼큼 산신령님! 큼큼 산신령님! 저예요!

이 밤중에 누구더냐. 상담 시간 끝났다.

어두워서 그런가? 이 숲에서 본 적이 없는 듯한데, 누구냐?

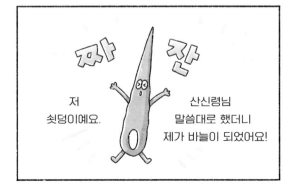

짜 잔

저 쇳덩이예요.

산신령님 말씀대로 했더니 제가 바늘이 되었어요!

재주를 탓하지 말고
무쇠가 바늘이 될 때까지
갈고닦거라.

훌쩍훌쩍

너 왜 울고 있니?

돌그릇

맷돌

절구

다른 돌들은
그릇 되고, 맷돌 되고, 절구가 되었는데

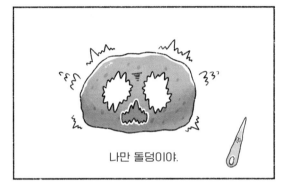

나만 돌덩이야.

너도 자신을 갈고닦는 법을 배워야겠구나.

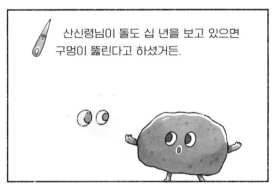

산신령님이 돌도 십 년을 보고 있으면
구멍이 뚫린다고 하셨거든.

십 년 후

구멍이 뚫린다고?

내 안에 무엇이 있을까?

보인다, 보인다! 돌반지?

꼬르륵   꼬르륵

큼큼 산신령님,

감나무 밑에 입 벌리고 누워 있어도

감이 안 떨어져요.

감나무에 올라가서
따지 그러느냐?

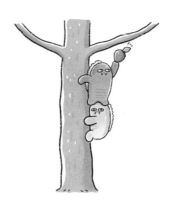

니무 꼭대기까지
힘들게 언제 올라가요?

감은 먹고 싶은데
힘든 건 싫은 모양이구나.

감 따다 똑 떨어져서
깨지면 어떡해요.

큼큼.
핑계가 좋구나.

산신령님,
감이 언제 떨어질까요?

내가 어찌 알겠느냐.
그건 감 마음 아니겠느냐?

내 마음 나도 몰라!

쯧쯧

쯧쯧

큼큼

저 갈래요.
그사이 감이
똑 떨어져 버리면
어떡해요.

56

거미야! 거미줄을 쳐라! 거미줄을 쳐서 먹이를 잡아라!

하다 보니 재밌네!

귀찮다니! 너에겐 거미줄을 칠 수 있는 재주가 있거늘. 그러고도 배고프다 하느냐.

거미줄이요? 귀찮아서 한 번도 안 쳐 봤는데요.

힝. 치면 되잖아요.

이리 잘 만드는 것을…. 안 만들었으면 섭섭할 뻔했구나.

제법이군!

우아! 이걸 내가 만들었다니!

까치야,
왜 구슬을 세고 있어?

하나, 둘, 셋…

귀한 구슬을 주웠는데
자꾸 잃어버리지 뭐야?

아무리 귀한 구슬이라도 꿰어야 멋지지!

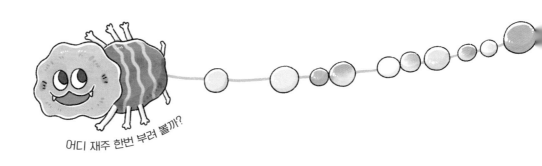

어디 재주 한번 부려 볼까?

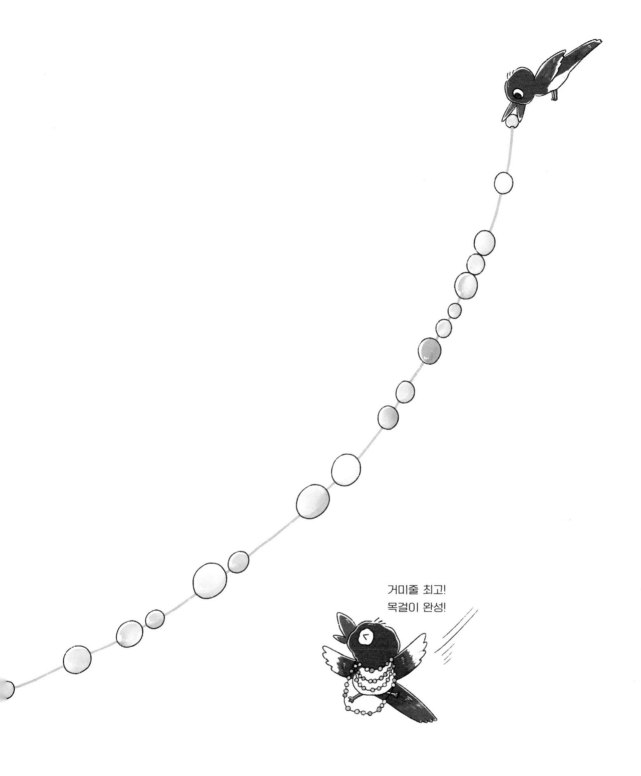

거미줄 최고!
목걸이 완성!

원숭이야,
왜 이리 다친 것이냐?

큼큼 산신령님,

원숭이는 나무 타기 선수라는데

전 왜 자꾸 나무에서 떨어질까요?

쯧쯧쯧.
많이 아팠겠구나.

산신령님, 거기
누르지 마세요.
아파요!

여기저기
온몸이 찌릿찌릿해요.

근데 마음도 찌릿찌릿해요.

친구들이
우당퉁탕 덜렁이라고
막 놀려서요.

너무 속상해하지 마라.
제아무리 원숭이라도
나무에서 한 번은
떨어지기 마련이니….
하지만 자꾸 떨어지면
시퍼런 원숭이가 되겠구나.

시퍼런 원숭이요?
하하하.

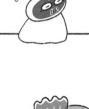

큼큼!
원숭이야, 앞으로는
어딜 가든 세 가지를
꼭 기억해라.

세 가지요?
그게 뭔데요?

첫째, 두드려라!

큼큼, 돌다리도 두드려라!

 # 둘째, 물어라!

큼큼, 아는 길도 물어라!

 # 셋째, 건너라!

큼큼, 얕은 냇물도 깊게 건너라!

원숭이야, 세 가지를
마음에 꼭 새기고 다치지 말거라.
큼큼. 그럼 나는 이만···.

산신령님, 안 돼요!

돌다리도 두드리셔야죠.
아는 길도 물으셔야죠.
얕은 내도 깊게 건너셔야죠.

가자!

톡톡

두리번

가자!

두리번

가자!

찰방찰방

언제나 돌다리도 두들기고
아는 길도 묻고
얕은 내도 깊게 건너거라.

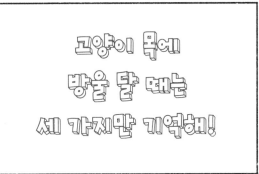

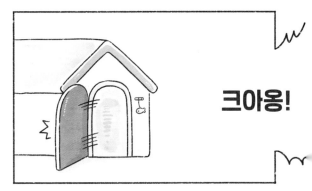

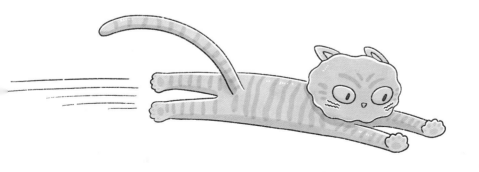

묻긴 뭘 물어?
원숭이 말을
듣는 게 아니었어.

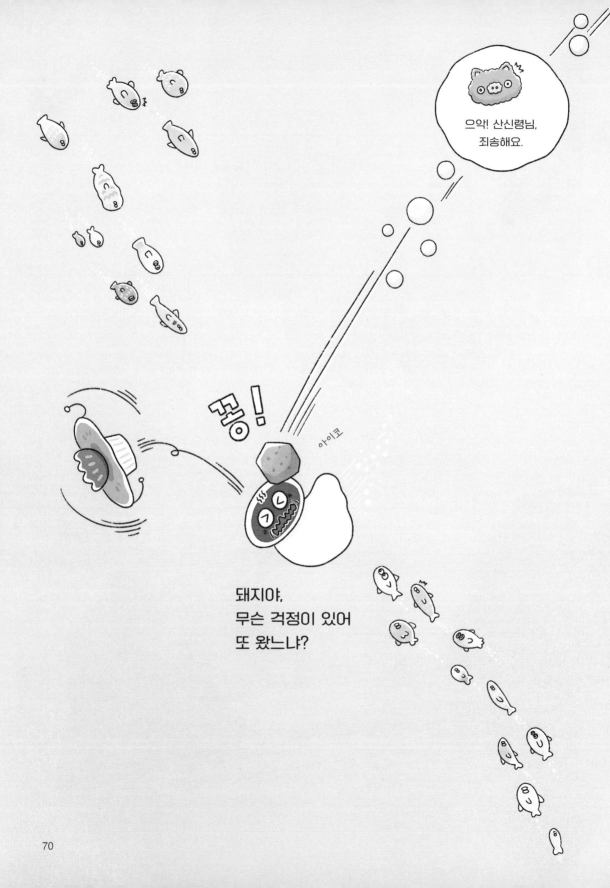

첫째 형은 윗돌 빼서 아랫돌 괴고,
아랫돌 빼서 윗돌 괴어 빨리 집을 지었어요.

둘째 형은 아랫돌 빼서 윗돌 괴고,
윗돌 빼서 아랫돌 괴어 빨리 집을 지었어요.

큼큼 산신령님!
저도 형들처럼 해야 할까요?

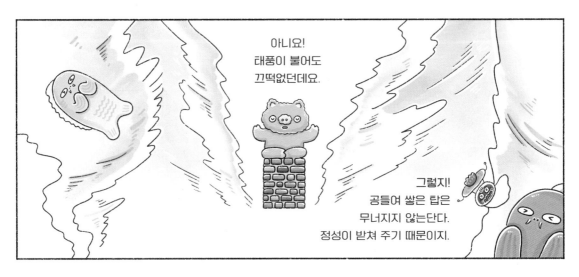

아니요!
태풍이 불어도
끄떡없던데요.

그렇지!
공들여 쌓은 탑은
무너지지 않는단다.
정성이 받쳐 주기 때문이지.

그럼 공들여 지은 집도 안 무너지겠네요?

천둥 번개가 쳐도
끄떡없을걸.

산신령님, 저 다시
집 지으러 갈래요.

결심

셋째 돼지야, 마음이 흔들리면
집도 흔들리는 법이니 끝까지 힘을 내거라.

네!
제 마음도 돌처럼
차곡차곡
쌓을게요.

대충대충 공 안 들인 집이
무너지랴,
차근차근 공들인 집이
무너지랴?

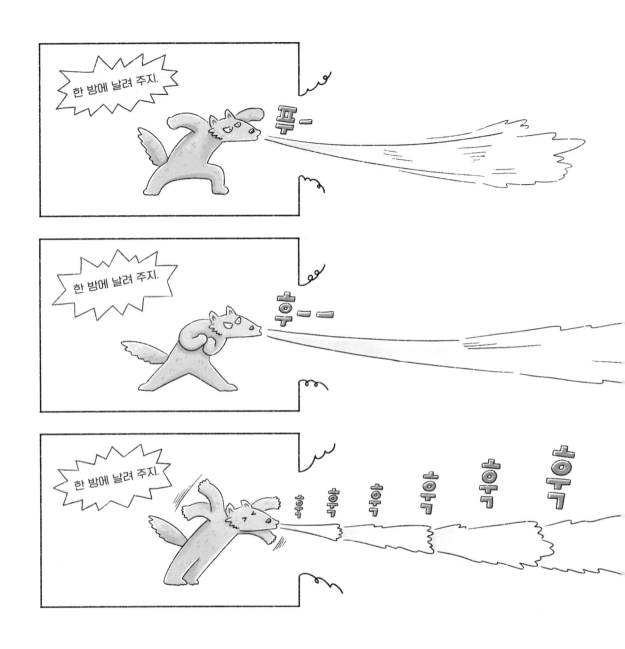

어, 왜 안 무너지지?

첫째 돼지 살려.

첫째, 둘째 돼지 살려.

정성과 시간을 들여 지은 집이 무너지는 거 봤니? 메롱!

뭐, 이런 게 다 있지?

큼큼 산신령님,

공든 탑은 안 무너진다면서요!

근데 공든 집이 흔들흔들한다고요.

도와주세요!

뭐라고?
공든 집이 어떻다고?

공든 탑이 무너지는 걸
본 적이 없는데 무슨 일일까?

오늘은 원숭이가 아니라
내가 나무에서 떨어진 날이군.

뭐지?   왜지?

아, 그거로구나!

셋째 돼지야,
집으로 달려가
개미구멍이 있는지
살펴보거라.

개미구멍
때문에 집이
흔들거린다고요?

가랑비에 옷이 젖고,

쥐구멍이 소구멍 되고,

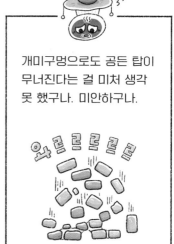

개미구멍으로도 공든 탑이
무너진다는 걸 미처 생각
못 했구나. 미안하구나.

큼큼 산신령님!
큼큼 산신령님!

오냐, 오냐.
안 그래도 기다리고 있었단다.

맨 아랫돌을
살펴봤더니
개미들이 구멍을
파고 있지 뭐예요.

역시!

우리 집인 걸
몰랐대요.
그래서 개미들이
이사 가기로 했어요.

이런 실수를!
미안해.

괜찮아!

휘!

이삿짐 나르는 걸
도와주려고 했는데요.

아주 잘됐구나!

그 개미
내가
잘 알지.

아주 힘이 센 개미가
한 마리 있더라고요.

81

아무리 공들인 집이라도
개미구멍 때문에
무너질 수 있다는 걸
명심하거라.

훗, 내가 바람한테 비밀을 알아 왔지.

바늘구멍을 내서 계속 불면 황소바람이 된다고!

차라리 황소를 데려오는 게 빠르겠다.

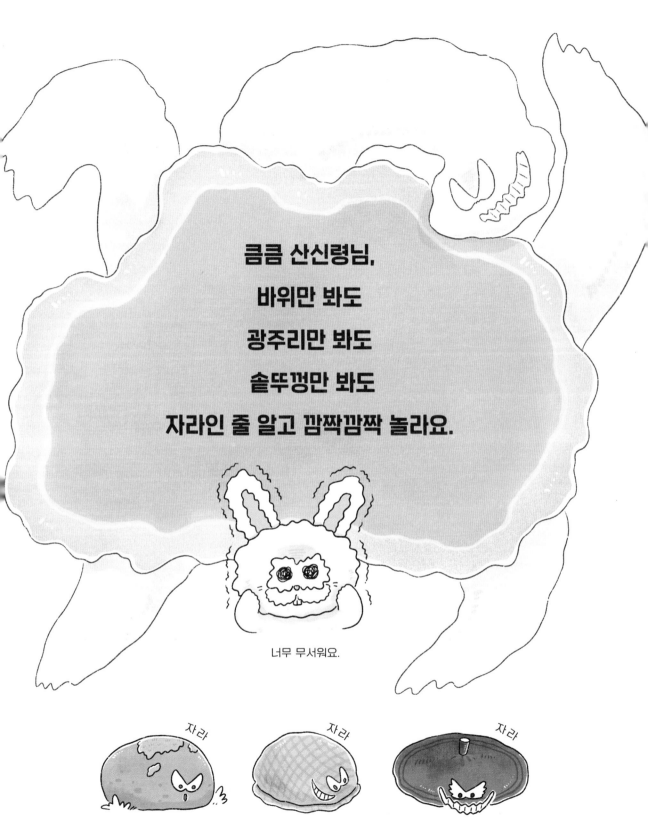

큼큼 산신령님,

바위만 봐도

광주리만 봐도

솥뚜껑만 봐도

자라인 줄 알고 깜짝깜짝 놀라요.

너무 무서워요.

자라

자라

자라

자라가
왜 무서우냐?

할머니가
그러는데요,

옛날 옛날에
바다 속 용왕님의 병을
낫게 하려고
자라가 할머니를
데려갔대요.

간...   간...

할머니는 꾀를 짜내서
간은 산속에 두고 왔다고
말하고는 도망쳤대요.

큼 큼

그건 옛날이야기일 뿐이니
걱정할 것 없다.

산신령님,
이건 만약인데요,
진짜 만약인데요….

어느 날 자라가 나타나서
간을 내놓으라고 하면
어떡하죠?

88

토끼야!
하늘이 무너져도 솟아날 구멍이 있단다!

그물에 걸렸을 때	구덩이에 빠졌을 때	경주에서 지고 있을 때
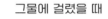 구멍이 어디 있지?  아, 그물에 구멍이 있어!  이빨로 잘근 잘근… 휴, 살았다.	 하늘로 솟을 수도 없고 어쩌지? 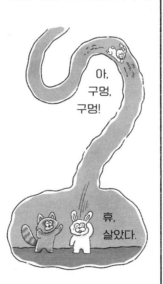 아, 구멍, 구멍! 휴, 살았다.	 아, 또 낮잠을 자고 말았어. 창피해, 창피해. 아, 구멍, 구멍.  쥐구멍에라도 숨어야겠다.

잘했다. 담력 훈련은 이 정도면 된 것 같구나.

이제 하나도 안 무서워요.

89

솥뚜껑이 진짜 자라일 때는
놀라지 말고
도망칠 구멍을 찾거라!

안녕?

구멍,
구멍,
구멍!

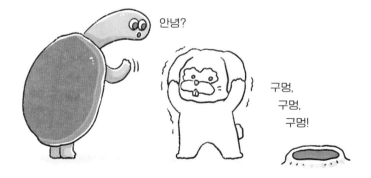

하지만 가끔은
자라와
친구가 되는 것도 좋단다.

황새 쫓아가다가
다리가 찢어졌어.
어떡하면 황새처럼
잘 달릴 수 있을까?

같이 가!

황새가 되어야지.
많이 먹고
얼른얼른 커.

닭이 막 놀려서
쫓아갔는데
지붕 위로 도망갔어.

어떻게 잡지?

내려와!

너도 똑같이
막 놀려.
그럼 닭도
화가 나서
널 쫓아올 거야.

개구리는
우리 마음을
너무 몰라.

맞아, 맞아.
친구도 없이
좁은 우물에만
살아서 그래.

치, 우물 안이 뭐 어때서!
여기가 얼마나
넓은데⋯.

근데 아쉽다⋯.
우물 밖
이야기도 듣고
재미있었는데⋯.

큼큼 산신령님!

풍당!

어, 누구 목소리였더라?
귀에 익은데?

아니, 너는
나무꾼이 아니냐?
왜 이리 통 안 보인 것이냐?

산신령님, 시험을 보고 오느라고요.

드디어 과거에 급제했어요.

큼큼.
그동안 공부를
하였던 것이냐?

네,
공부하면서 나무를 하느라
자꾸 도끼를 빠뜨렸습니다.

그런
깊은 이유가
있었구나.
기특하구나.

퍼뜩

혹시 연못에 빠뜨린 책이?

말이 씨가 되는
속담책

산신령만
알고 있는
화제의 책

씨가 되는
속담책

고민 해결
100%

네, 제가 공부하던
책입니다.

그런데 잃어버린 것이 아니고
산신령님 심심하실까 봐
일부러 빠뜨리고 갔습니다.

허허, 기특하구나.
그 책 덕분에 지루할 새가
없었다. 깨달음도 얻고
속담 상담도 해 주었지.

강격

강격

속담 상담소 속담 상담소

산신령님, 소문은
벌써 들었습니다.

발 없는 말이 천 리까지 날아왔던데요!

이것이 네 것이냐?

제가 연못에
도끼를 빠뜨렸을 때
산신령님이
금도끼를 들고
물으셨지요.

그때 마음속으론
넙죽 "네!"라고
답하고 싶었습니다.

이것이 네 것이냐?

산신령님은
또 은도끼를
들고 물으셨지요.

그때도 마음이
왔다 갔다,
갔다 왔다 했지만
정직할 수 있었던 건
이 책의 가르침
덕분이었습니다.

산신령님, 이제 이 책은
다른 누군가에게 전해지면 좋겠습니다.

기득

기득

큼큼,
내 머리에 퐁 하고 떠오르는
새 주인이 있구나.

99

얼마 뒤 우물 아래로 무언가가 휙 떨어졌어요.
우물 안에서 꾸벅꾸벅 졸던 개구리가
깜짝 놀라 깨었어요.

개구리는 조심조심 책을 펼쳐 보았어요.

한 장, 한 장 넘길 때마다
웃고 울고

고개를 끄덕이며

빠져들었어요.

친구들 말이 맞았어.
난 좁은 우물 안 개구리였어.
넓은 세상으로
나가야겠어!

오늘따라
우물 안에서 보는
하늘이 작고
답답해 보였어요.

그때 개구리의 머릿속에
좋은 생각이 퐁 솟아올랐어요.

개구리는 서둘러 우물 밖으로 나갔어요.
폴짝폴짝 연못으로 달려가
돌멩이를 톡 떨어뜨렸어요.

큼큼 산신령님,

저 산신령님 조수 할래요!

속담도 많이 알아요!

받아 주실 거죠?

이야기 속에
재미난 속담이
숨어 있어요!

말이 씨가 된다
말하던 것이 정말로 일어났을 때 하는 말

 돼지의 고민 상담

남의 손의 떡은 커 보인다
남의 것이 자기 것보다 더 좋아 보인다는 말

미운 아이 떡 하나 더 준다
미울수록 더 잘해 주고 잘 지내라는 말

방아깨비의 고민 상담

번갯불에 콩 볶아 먹겠다
일을 너무 빠르게 서두를 때 하는 말

걷기도 전에 뛰려고 한다
쉬운 일도 못하면서 어려운 일부터 한다는 말

우물 들고 마시겠다
성격이 몹시 급해 기다리지 못할 때 하는 말

급하면 바늘허리에 실 매어 쓸까
아무리 급해도 일에는 순서가 있다는 말

급할수록 돌아가랬다
급한 일일수록 오히려 차근차근 해야 한다는 말

빨리 먹은 콩밥이 똥 눌 때 보자고 벼른다
급히 서두르면 나중에 탈이 난다는 말

개미의 고민 상담

개미가 큰 바윗돌을 굴리려고 하는 셈
혼자서 할 수 없는 일에 무모하게 덤빈다는 말

백지장도 맞들면 낫다
아주 쉬운 일이라도 함께하면 더 쉽다는 말

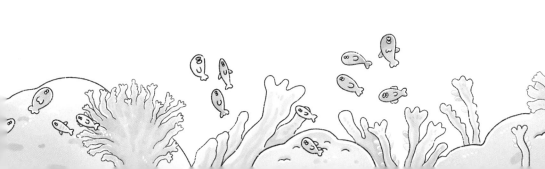

강아지의 고민 상담

낫 놓고 기역 자도 모른다
기역 자 모양으로 생긴 낫을 보면서도 모를 만큼 무식하다는 말

서당 개 삼 년에 풍월을 읊는다
누구라도 어떤 일을 오래 하다 보면 조금이라도 알게 된다는 말

스컹크와 고슴도치의 고민 상담

원수는 외나무다리에서 만난다
싫어하는 사람을 피할 수 없는 곳에서 만나게 된다는 말

지는 게 이기는 거다
자기가 옳다고 싸우는 것보다 넓은 마음으로 받아 주는 게 이기는 거라는 말

쇳덩이의 고민 상담

누워서 떡 먹기
어려움 없이 아주 하기 쉬운 일이라는 말

땅 짚고 헤엄치기
물에 빠질 걱정 없이 헤엄칠 만큼 아주 쉽다는 말

굼벵이도 구르는 재주가 있다
아무리 재주가 없어도 누구나 한 가지 재주는 있다는 말

무쇠도 갈면 바늘 된다
열심히 꾸준히 준비하면 어려운 일도 이룰 수 있다는 말

돌도 십 년을 보고 있으면 구멍이 뚫린다
어떤 일이라도 정성을 들이면 안 되는 것이 없다는 말

거미의 고민 상담

감나무 밑에 누워서 홍시 떨어지기를 기다린다
아무런 노력도 하지 않으면서 좋은 결과를 기다린다는 말

거미도 줄을 쳐야 벌레를 잡는다
무슨 일이든 준비를 제대로 갖추어야 결과를 얻을 수 있다는 말

구슬이 서 말이라도 꿰어야 보배라
아무리 좋은 것이라도 정성껏 다듬어야 쓸모가 있다는 말

원숭이의 고민 상담

원숭이도 나무에서 떨어진다
아무리 잘하는 일이라도 가끔은 실수할 때가 있다는 말

돌다리도 두들겨 보고 건너라
잘 아는 일이라도 세심하게 주의하라는 말

아는 길도 물어 가랬다
자만하지 말고 주위의 말에도 귀 기울이라는 말

얕은 내도 깊게 건너라
쉬워 보이는 일이라도 조심하라는 말

고양이 목에 방울 달기
하기 어렵다는 걸 잘 알면서도 괜히 고민한다는 말

돼지의 고민 상담

윗돌 빼서 아랫돌 괴고 아랫돌 빼서 윗돌 괴기
마음이 급하여 이리저리 대충 끼워 맞춰 일을 마친다는 말

공든 탑이 무너지랴
정성과 시간을 들인 일은 결코 헛되지 않다는 말

가랑비에 옷 젖는 줄 모른다
아무리 작은 것이라도 거듭되면 큰 것이 된다는 말

쥐구멍이 소구멍 된다
작은 문제를 해결하지 않으면 큰 문제가 된다는 말

공든 탑도 개미구멍으로 무너진다
아주 작은 실수가 쌓여 큰일을 망친다는 말

 ## 토끼의 고민 상담

자라 보고 놀란 가슴 솥뚜껑 보고 놀란다
어떤 것에 몹시 놀라면 비슷한 다른 것만 보아도 겁을 낸다는 말

하늘이 무너져도 솟아날 구멍이 있다
아무리 어려운 일이어도 해결할 방법이 생긴다는 말

개구리의 고민 상담

가는 날이 장날
어떤 일을 하려다가 뜻하지 않은 일을 당한다는 말

혹 떼러 갔다 혹 붙여 온다
자기의 일을 덜려다가 다른 일까지 떠안는다는 말

우물 안의 개구리
넓은 세상을 알지 못하면서 스스로 잘난 줄 안다는 말

뱁새가 황새를 따라가면 다리가 찢어진다
힘겨운 일을 억지로 하다가 해를 입는다는 말

닭 쫓던 개 지붕 쳐다보듯
애써서 하던 일을 그르쳐 어찌할 방법이 없다는 말

 나무꾼의 고민 상담

발 없는 말이 천 리 간다
말은 순식간에 퍼지기 때문에 말을 조심해야 한다는 말